une histoire dans la poche

Le vilain petit canard

une histoire dans la poche

Le vilain petit canard

d'après un conte d'Andersen
illustrations de Barbara Nascimbeni

1·2·3 Soleil!

Par un beau matin d'été, une cane couvait tranquillement ses œufs. Elle en avait compté sept.

Mais elle remarqua soudain quelque chose d'étrange : des œufs, il n'y en avait pas sept, mais huit. Et le huitième était plus gros que les autres. D'où pouvait-il bien venir ?

— Je n'ai pas le temps d'y réfléchir ! s'exclama la cane, trop occupée à préparer les naissances à venir.

Peu de temps après, en effet, ce fut l'éclosion des sept œufs. Mais le huitième résistait.

— Bah ! Les œufs ne sont pas tous identiques... Attendons ! se dit la cane.

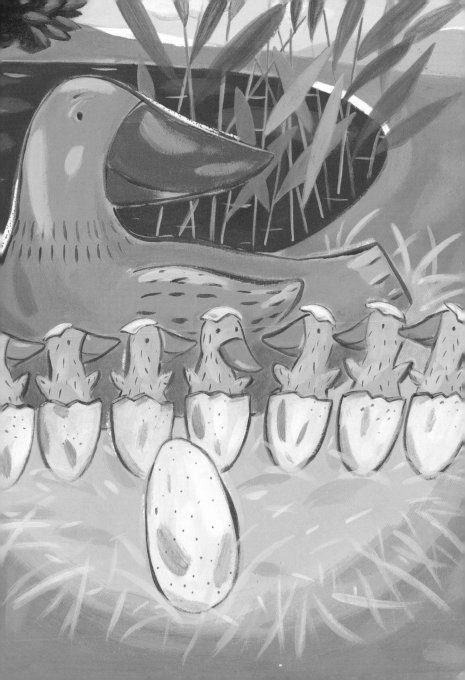

Tandis que les sept petits poussins, jaunes et duveteux, s'agitaient autour d'elle, elle couva une journée supplémentaire et finalement, le huitième œuf se décida à éclore ; un gros canard gris et balourd en sortit.

— Tu n'es pas très joli, lui dit la cane. Mais tu as des bonnes pattes solides. Tu seras un bon nageur !

Les sept poussins rejetaient le dernier-né. Les animaux qui passaient à côté s'exclamaient :

— Les petits jaunes sont beaux, mais le gros gris est vraiment laid !

La cane ne leur répondait pas et gardait le gros pas-beau tout près d'elle.

Le lendemain, ils se jetèrent tous à l'eau et traversèrent la mare. Direction, la ferme ! Le vilain petit canard fermait la marche et sur la berge, tout le monde disait :

— Les sept premiers sont des beautés, mais le dernier est vraiment raté !

— Ne les écoute pas, répliqua la cane. Ils ne se rendent même pas compte que tu nages dix fois mieux qu'eux !

Mais le vilain petit canard ne pouvait s'empêcher de les écouter. Les autres canards, les poules, les oies et même les moutons riaient en le voyant passer.

Il était si malheureux qu'en trois coups de pattes, il alla se cacher au fond d'un buisson d'ajoncs.

La cane ne remarqua rien et continua sa promenade.

Dans ce buisson, vivaient des canards sauvages qui le traitèrent avec indifférence. Il restait caché à longueur de journée. La cane se mit à sa recherche, mais elle eut beau tourner et virer, elle ne put le dénicher.

Soudain, Boum ! Boum ! Boum ! Pang ! Pang ! Pang ! Ce fut un beau vacarme : les chasseurs et leurs chiens couraient partout.

Le vilain petit canard, qui ignorait tout du monde, se dit qu'ils en avaient après lui : il était trop laid, on allait le tuer ! Il se tapit donc dans un trou d'eau, ne laissant dépasser que son bec.

Une fois les chasseurs et leurs chiens repartis, le vilain petit canard sortit de l'eau et dans la nuit qui tombait, quitta son buisson d'ajoncs.

Il faisait de plus en plus sombre et le vilain petit canard s'enfonçait dans la forêt profonde.

Il aperçut au loin une lumière : dans une cabane à moitié écroulée, une fenêtre était éclairée. Il y avait un trou dans la porte et le vilain petit canard se glissa à l'intérieur.

Dans cette maison, vivaient une vieille femme, un chat et une poule.

— Oh ! Quel bonheur ! s'exclama-t-elle. Un canard ! Entre donc !

Mais les ennuis commencèrent le soir même.

— Tu sais pondre des œufs ? lui demanda la poule.

— Non, répondit-il.

Elle lui donna un coup de bec.

— Tu sais ronronner ? lui demanda le chat.

— Non, répondit-il.

Il le griffa.

À l'aube, le canard prit la fuite ; il quitta la forêt et marcha, marcha jusqu'à un petit lac isolé. Il décida de s'installer là, loin de tout et de tous.

Les jours et les semaines passèrent. L'automne vint, puis l'hiver.

Le canard grandissait. Il se nourrissait de ce qu'il trouvait sur les rives du lac et il se promenait sur ses eaux tranquilles. Dès qu'il entendait du bruit, il se cachait jusqu'à ce que le calme revînt.

Ce fut un hiver rigoureux. Le lac gela. Le canard ne pouvait plus nager, il restait sur la rive, à observer le ciel et à lisser ses plumes.

Les jours et les semaines passèrent. Le printemps s'annonça.

Le soleil réapparut, l'air odorant se réchauffa.

Un jour, en scrutant le ciel, à son habitude, le petit canard vit un vol d'oiseaux magnifiques, avec de grandes ailes et de longs cous.

Il les regarda s'éloigner le plus longtemps qu'il put.

En glissant à la surface du lac, il se rendit compte qu'il était devenu fort et rapide. Il avait de grandes ailes vigoureuses et il s'ébattait souvent, impatient de s'envoler.

À la fin, ne pouvant résister davantage, il s'éleva au-dessus de la campagne.

En quelques coups d'ailes, il retrouva le chemin par lequel il s'était enfui autrefois. Très vite, il parvint à la mare qui l'avait vu naître.

La cane était en train de couver. Ce n'était pas les mêmes œufs, mais c'était le même endroit, exactement.

Le canard descendit lentement, sans faire de bruit, pour ne pas alerter la cane. En approchant de la mare, il vit se refléter dans l'eau calme la silhouette d'un oiseau splendide aux ailes largement déployées. La cane l'aperçut alors et le reconnut aussitôt.

— Mon enfant, comme tu es devenu beau ! s'écria-t-elle. Le plus beau du monde ! Tu n'étais pas un canard, mais un cygne ! Heureux de se retrouver, la cane et le cygne échangèrent un tendre baiser de becs.

une histoire dans la poche

Imprimé en France en mai 2010 pour le compte de Clorophyl Editions
Traduction et adaptation : Gothé-Blum
Coordination éditoriale : Idées Book
Code éditeur : 978-2-35990
Dépôt légal : juin 2010